Questions d'amour 8-11 ans

Virginie Dumont
est psychologue et psychothérapeute,
spécialiste de l'enfant et de l'adolescent.

Serge Montagnat,
auteur de livres scientifiques pour la jeunesse,
est professeur de biologie.

Illustrations de
Denise et Claude Millet

Merci à Françoise Degeilh, médecin,
pour sa relecture attentive de Questions d'Amour.

Sommaire

**Direction
de la collection**
Virginie Dumont

Rédaction
Serge Montagnat

**Conception
éditoriale**
Marie-Odile Fordacq

Édition
Ariane Léandri

Direction artistique
Bernard Girodroux

**Conception graphique
Maquette**
Maryvonne Marconville

Illustrations
Denise et Claude Millet

**Recherche
iconographique**
Claire Balladur

© Éditions Nathan, 1997
pour la première édition.
© Éditions Nathan, 2012
pour la présente édition.

Le couple adulte • • • • • • • • • • **4-5**
La rencontre
Un couple d'amoureux...
Une histoire d'amour...
Mariage ou concubinage ?
Pourquoi certains parents
se séparent- ils ?
La sexualité • • • • • • • • • • • • • **6-7**
La sexualité, une affaire privée
La naissance du désir
Que font les adultes
quand ils font l'amour ?
Le désir d'enfant • • • • • • • • • • **8-9**
Faire l'amour et faire un bébé,
c'est pareil ?
Fait-on un enfant à chaque fois
qu'on fait l'amour ?
Tout le monde
peut-il avoir un enfant ?
Quand on ne veut pas de bébé...
L'adoption
Le sida • • • • • • • • • • • • • • • **10-11**
C'est quoi le sida ?
Comment l'attrape-t-on ?
Comment peut-on se protéger ?
Le sida et le cancer,
c'est pareil ?
Est-ce qu'il y a un vaccin ?
Commencer son existence • • • **12-13**
Carte d'identité de l'ovule
Carte d'identité
du spermatozoïde
Comment débute la vie ?
Peut-on connaître précisément
le jour de sa conception ?
De l'œuf à l'embryon • • • • • • **14-15**
Et l'œuf devient embryon
L'embryon fait son nid
Qu'est-ce qu'une fausse couche ?
Qu'est-ce qu'une échographie ?

La vie pendant neuf mois • • • **16-17**
Dans le ventre de sa mère • • **18-19**
Comment le bébé fait-il pipi ?
Est-ce qu'il entend ?
Que fait-il toute la journée ?
A-t-il les yeux ouverts ?
Comment mange-t-il ?
Peut-il attraper une maladie ?
Comment respire-t-il ?
Le bébé sent-il quand sa mère
touche son ventre ?
Le mystère des jumeaux • • • • **20-21**
Pourquoi y a-t-il des jumeaux ?
Pourquoi certains ne
se ressemblent-ils pas ?
Les vrais jumeaux ont-ils
le même caractère ?
Les jumeaux ont-ils assez
de place dans le ventre ?
Le sexe du bébé • • • • • • • • • **22-23**
Les parents peuvent-ils
choisir le sexe de leur bébé ?
Peut-on connaître le sexe
avant la naissance ?
Les jumeaux sont-ils
toujours du même sexe ?
Pourquoi naît-on fille
ou garçon ?
Une recette magique
pour choisir le sexe ?
Contes et légendes • • • • • • • • **24-25**
Quand les enfants naissaient
dans les choux
Pourquoi les choux ?
Rose pour les filles,
bleu pour les garçons
Des sources extraordinaires
Accoucher • • • • • • • • • • • • • **26-27**
Comment la maman sait-elle
que le moment est arrivé ?
Pourquoi la maman
accouche-t-elle à l'hôpital ?

Comment se passe
un accouchement ?

Ma mère a accouché
aux forceps ; ça veut dire quoi ?

Un accouchement
c'est dégoûtant, il y a du sang

Qu'est-ce qu'une césarienne ?

Naître • • • • • • • • • • • • • • • 28-29

Un accouchement,
c'est douloureux ?

Et le bébé, il a mal ?

Je peux être là pendant
l'accouchement ?

Après la naissance

Qu'est-ce qu'un prématuré ?

Un être unique • • • • • • • • • • 30-31

Ma sœur et moi,
on ne se ressemble pas

Sauter une génération

L'arbre généalogique

Ma meilleure amie me ressemble

Être bébé • • • • • • • • • • • • • 32-33

Un bébé, c'est grand comment ?

Le choix du prénom

Du lait pour grandir

Un bébé, cela ne sait rien faire !

Il a une grosse tête

**Mon petit frère,
ma petite sœur • • • • • • • • • • 34-35**

J'ai envie de m'occuper de bébé

Mais il n'y en a que pour lui !

Un bébé, ce n'est pas beau !

Est-ce qu'il me reconnaît ?

Grandir • • • • • • • • • • • • • • • 36-37

Avant d'avoir un an,
j'avais quel âge ?

À partir de quand un bébé
n'est plus un bébé ?

J'ai envie de grandir
mais aussi de rester bébé

On grandit et on grossit
à quelle vitesse ?

La puberté • • • • • • • • • • • • 38-39

C'est la première étape
de l'adolescence

Ça arrive à quel moment ?

Ça fait mal, la puberté ?

C'est important de se laver
tous les jours ?

Et après la puberté,
que se passe-t-il ?

Découvrir son corps

Du côté des filles • • • • • • • • • 40-41

À l'école, on n'a pas
les mêmes jeux que les garçons

Les garçons,
on les trouve un peu bébé

Et au collège, ce sera comment ?

Les règles, c'est quoi ?

Être réglée signifie-t-il que l'on
peut avoir des relations sexuelles ?

Du côté des garçons • • • • • • 42-43

Mon grand frère a la voix
qui « mue », c'est bizarre

Quand commencerai-je
à avoir de la barbe ?

Est-il inévitable
d'avoir des boutons ?

Mon sexe est dur le matin.
C'est normal ?

Le pénis grandit-il aussi ?

À quel âge peut-on
« sortir » avec une fille ?

Se protéger • • • • • • • • • • • • 44-45

On parle souvent de pédophilie.
Qu'est-ce que c'est ?

C'est la même chose qu'un viol ?

Alors il faut avoir peur
de tout le monde ?

L'interdit de l'inceste

Pourquoi l'inceste existe-t-il ?

C'est quoi un exhibitionniste ?

Les sentiments • • • • • • • • • • 46-47

À partir de quel âge
peut-on être amoureux ?

Et quand on est plus grand ?

L'amour, cela dure toute la vie ?

Quand on n'est plus amoureux,
on reste amis ?

Le couple adulte

🔵 La rencontre

Cela peut être un coup de foudre : chacun des deux est alors « saisi » et se dit : « je l'aime. » Mais c'est parfois moins rapide et l'homme et la femme ont besoin de se voir plusieurs fois avant d'avoir envie de former un couple. Dans la vie, on croise beaucoup de gens, mais la « rencontre » ne se fait pas toujours.

🔵 Un couple d'amoureux…

… c'est une femme et un homme qui se rencontrent, sont attirés l'un par l'autre au point de ne plus pouvoir vivre séparés. Il y a entre eux un lien très fort, différent de celui qui unit les parents et les enfants, parce qu'il s'agit de deux adultes.

🌐 Une histoire d'amour...

... c'est avoir envie de tout partager avec celui ou celle qu'on aime, de tout lui raconter, ses bonheurs, ses malheurs, ses interrogations. C'est l'envie d'être le seul ou la seule qui compte. C'est avoir besoin d'un contact physique : embrasser, caresser, faire l'amour. C'est le désir de faire un enfant ensemble. Et c'est une très grande tendresse.

🌐 Mariage ou concubinage ?

Le mariage civil est un acte légal : un jeune homme n'a pas le droit de se marier avant l'âge de 18 ans et une jeune fille avant l'âge de 15 ans. Le mariage civil peut ou non être suivi d'un mariage religieux. Se marier est un choix. On peut aussi vivre en concubinage, c'est-à-dire sans être marié.

🌐 Pourquoi certains parents se séparent-ils ?

Parfois, vivre ensemble devient si difficile qu'ils estiment que c'est la meilleure solution. Ce n'est jamais une décision facile à prendre, en particulier quand le couple a des enfants qui ne les comprennent pas et en souffrent. S'ils étaient mariés, alors ils divorcent. Le divorce est aussi un acte légal, prononcé par un juge. Il tente de trouver avec les parents la meilleure solution pour les uns et les autres.

Couple parental

Un couple qui a eu des enfants ensemble peut se séparer ; le père et la mère deviennent alors un couple de parents. Il n'y a plus entre eux d'histoire d'amour mais un lien indestructible de parents qui ont à élever leurs enfants.

Homosexuel, c'est quoi ?

Le plus souvent, une histoire d'amour naît entre un homme et une femme. Mais il arrive que cela concerne un homme et un homme ou une femme et une femme. C'est toujours de l'amour ; mais le couple ainsi formé, dit homosexuel, ne pourra pas avoir d'enfants, parce que la nature est faite autrement.

••• La sexualité

🔵 La sexualité, une affaire privée

Les couvertures de magazines, les scènes de films où l'on voit un homme et une femme se caresser ne renseignent pas sur la sexualité. En effet, la sexualité c'est précisément ce qu'on ne montre pas aux autres, non pas parce qu'on en a honte, mais parce que c'est intime : un adulte ne raconte pas sa propre vie sexuelle. Mais cela ne doit pas l'empêcher de répondre aux questions sur la sexualité.

🔵 La naissance du désir

À l'adolescence, les filles et les garçons ressentent dans leur corps le désir comme un irrésistible mouvement vers celui ou celle qu'ils aiment. Avant cet âge, il est difficile de comprendre ce que cela veut dire, parce que le corps n'est pas prêt. Mais cela n'empêche pas d'être curieux...

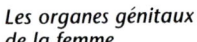
Les organes génitaux de la femme

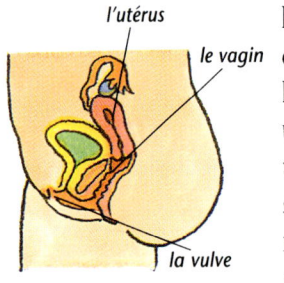
l'utérus
le vagin
la vulve

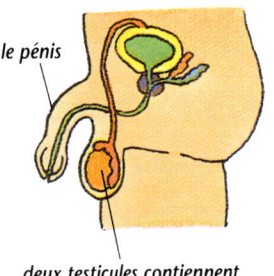
Les organes génitaux de l'homme
le pénis
deux testicules contiennent les spermatozoïdes

🌀 Que font les adultes quand ils font l'amour ?

L'homme et la femme échangent des caresses, des baisers, ils parlent. Ce sont des instants de bonheur. Ils se désirent et veulent être si proches l'un de l'autre que leurs corps, leurs sexes se mêlent. Le pénis de l'homme se met en érection : il durcit, s'allonge et peut alors pénétrer dans le vagin de la femme. Cela ne fait pas mal, c'est agréable et doux. Ils ressentent un très grand plaisir. Au moment le plus intense, l'homme éjacule. Un peu de liquide blanchâtre, le sperme, s'écoule de son pénis dans le vagin. Puis, le couple se repose, tendrement enlacé. Faire l'amour peut durer quelques minutes ou plus longtemps. Et quand un homme et une femme s'aiment, ils ont souvent envie de faire l'amour.

De drôles de mots

À l'école, entre copains et copines, on parle de « zizi » ou de « zézette » pour désigner le sexe masculin ou féminin. Entre amis, les adultes font parfois des plaisanteries grossières sur la sexualité, avec de drôles de mots. C'est clair : on ne parle pas de sexualité comme on parle du beau temps. C'est un sujet délicat qui concerne tout le monde et, en même temps, un mystère que chacun découvre à sa façon et partage avec son amoureux(se).

La sexualité, c'est le corps qui dit « je t'aime ».

●●● *Le désir d'enfant*

*A*mandine

En 1982, pour la première fois en France, est né un « bébé-éprouvette » : la rencontre entre l'ovule et le spermatozoïde a eu lieu dans un tube à essai. L'embryon a ensuite été replacé dans le corps de la maman. Cela s'appelle une fécondation artificielle. Le premier bébé-éprouvette, Louise Brown, a vu le jour en Angleterre, en 1978. En France, environ 4 000 enfants naissent ainsi chaque année.

🔵 *Faire l'amour et faire un bébé, c'est pareil ?*

Non, mais il y a un lien. D'ailleurs, jusqu'à 7-8 ans, on ne se demande pas comment on fait l'amour, mais comment on fait les bébés parce que cela va souvent ensemble : un homme et une femme qui s'aiment ont généralement envie de faire un enfant.

🔵 *Fait-on un enfant à chaque fois qu'on fait l'amour ?*

Non, pas exactement. Pour faire un bébé, il faut que, au cours d'un rapport sexuel, un spermatozoïde (venant de l'homme) rencontre un ovule dans le ventre de la femme. C'est la fécondation. Elle ne peut se produire que quatre à six jours par mois. Les autres jours, ce n'est pas possible.

🌎 Tout le monde peut-il avoir un enfant ?

En principe, oui. Mais parfois, le désir d'enfant ne se réalise pas. On ne sait pas toujours pourquoi, ni comment y remédier. Alors, si ce désir est vraiment très fort, il y a deux possibilités : la fécondation artificielle (lire « Amandine » page 8) ou l'adoption.

🌎 Quand on ne veut pas de bébé...

... il faut utiliser des moyens de contraception. Les plus utilisés sont la pilule, qui bloque la fabrication des ovules, le stérilet placé dans l'utérus, qui empêche l'œuf de se fixer, et le préservatif, qui empêche les spermatozoïdes de pénétrer dans le vagin (le rôle des ovules et des spermatozoïdes est expliqué pages 12-13).

🌎 L'adoption

Quand un couple n'arrive pas à avoir d'enfant naturellement, il lui est possible d'en adopter un, dont les parents ne peuvent pas s'occuper. Les parents adoptifs élèvent l'enfant comme si c'était le leur. Il porte alors leur nom de famille. Ce n'est pas une situation simple, mais c'est toujours un acte d'amour.

••• *Le sida*

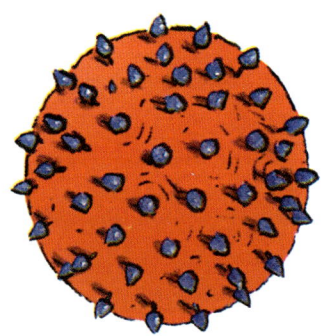

Le virus du sida

🔵 C'est quoi le sida ?

Le sida est une maladie. Il est provoqué par un virus qui détruit le système d'autodéfense du corps : quand une personne est atteinte du sida, elle ne résiste plus aux infections. La personne infectée est dite séropositive. Le sida peut entraîner des maladies mortelles, mais elles mettent parfois plusieurs années avant de se déclarer.

🔵 Comment l'attrape-t-on ?

Le sida se transmet uniquement par le sperme et le sang. Un homme ou un femme atteint du sida peut le transmettre à l'autre au cours d'un rapport sexuel. Les drogués peuvent l'attraper en se servant de seringues usagées. Un fœtus peut être contaminé par sa mère au cours de la grossesse à travers le placenta.

🔵 Comment peut-on se protéger ?

À l'heure actuelle, l'unique façon de se protéger du sida est d'utiliser un préservatif quand on fait l'amour.

🔵 *Le sida et le cancer, c'est pareil ?*

Non, ce sont deux maladies graves distinctes. Mais comme l'organisme d'une personne atteinte du sida ne se défend plus, il peut développer certains cancers, en particulier de la peau. De plus, le cancer n'est absolument pas contagieux, contrairement au sida.

🔵 *Est-ce qu'il y a un vaccin ?*

Non, mais on cherche. Les traitements actuels (trithérapie ou quadrithérapie) permettent d'empêcher la progression du virus mais pas encore de l'éliminer.

••• Commencer son existence

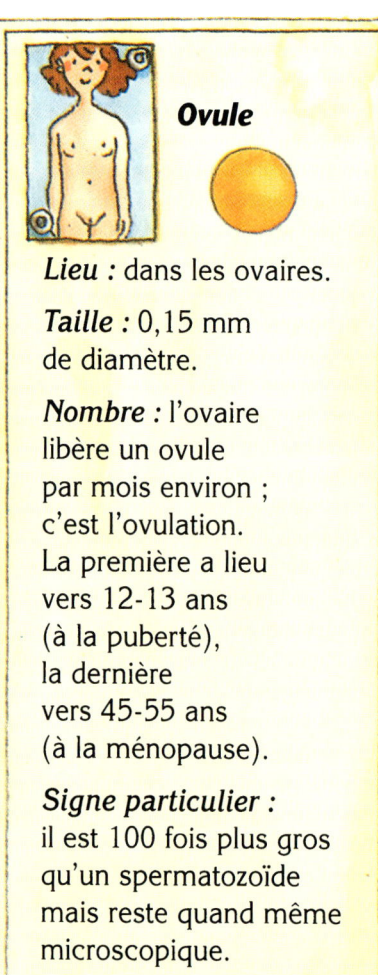

Ovule

Lieu : dans les ovaires.

Taille : 0,15 mm de diamètre.

Nombre : l'ovaire libère un ovule par mois environ ; c'est l'ovulation. La première a lieu vers 12-13 ans (à la puberté), la dernière vers 45-55 ans (à la ménopause).

Signe particulier : il est 100 fois plus gros qu'un spermatozoïde mais reste quand même microscopique.

Comment débute la vie ?

Tout commence le jour de la fécondation, quand le spermatozoïde pénètre dans l'ovule pour former un œuf… Il va se diviser peu à peu en plusieurs cellules, qui se transformeront pour donner l'être humain. Pendant l'acte sexuel, 300 à 400 millions de spermatozoïdes s'aventurent dans le sexe de la femme. Ils doivent franchir le col de l'utérus, chemin étroit où la plupart meurent. Les 3 ou 4 millions parvenus à l'entrée de l'utérus continuent leur course, vers l'ovule. Sur les quelques milliers qui le rejoignent, seul le hasard décide du spermatozoïde qui y entrera.

Spermatozoïde

Lieu : dans les testicules.

Taille : 0,06 mm de long.

Nombre : 150 millions fabriqués chaque jour, de la puberté jusqu'à la mort.

Signe particulier : il possède une queue appelée « flagelle », qui lui permet de se déplacer rapidement.

🌀 Peut-on connaître précisément le jour de sa conception ?

En théorie, oui, à deux jours près, on peut savoir à quelle date a eu lieu cette fameuse rencontre entre l'ovule et le spermatozoïde.

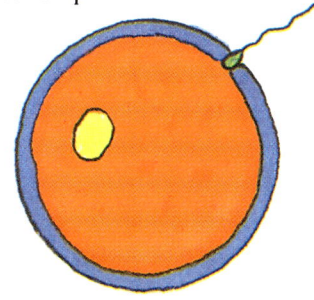

Le spermatozoïde et l'ovule se rencontrent dans une trompe.

Le spermatozoïde pénètre dans l'ovule pour former un œuf.

La cigogne et le nouveau-né

On associe à la cigogne beaucoup de traits merveilleux, et notamment le fait d'apporter bonheur, fidélité et prospérité à la maison sur laquelle elle fait son nid. La légende de la cigogne blanche est sans doute originaire de Basse-Allemagne. Dans d'autres régions du pays (où ne nichent pas les cigognes), on disait que les enfants naissaient dans les arbres, les puits, ou bien que la sage-femme les apportait dans une boîte.

••• De l'œuf à l'embryon

   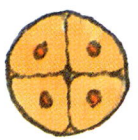  

L'œuf se divise en deux, en quatre, en huit...

🔵 Et l'œuf devient embryon

Dès que l'œuf commence à se diviser et à grossir dans la trompe, soit moins d'un jour après sa création, il est appelé embryon. Au quatrième jour, il ne ressemble pas du tout au futur bébé, mais plutôt à une mûre !

🔵 L'embryon fait son nid

Une semaine après la fécondation, l'embryon s'installe dans l'utérus de la mère. Les échanges entre eux commencent. Ils sont indispensables au bon développement de l'embryon.

L'avortement

C'est une interruption volontaire de la grossesse, qui a lieu durant les premières semaines de la conception.

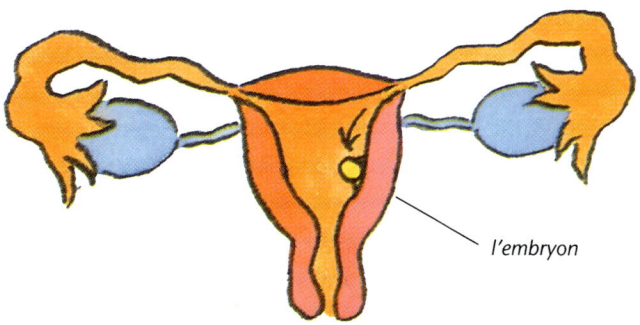

L'embryon s'installe dans l'utérus.

● Qu'est-ce qu'une fausse couche ?

Certains œufs ne se développent pas longtemps, soit parce qu'ils ne trouvent pas la bonne place pour faire leur nid, soit parce qu'ils sont incomplets ou mal formés. Il se produit alors une fausse couche : l'œuf est évacué naturellement du corps de la mère. Dans la plupart des cas, la grossesse suivante se déroule sans problèmes.

● Qu'est-ce qu'une échographie ?

C'est une méthode d'observation du fœtus, utilisant des ultrasons. Sur un écran de télévision, les images recueillies et analysées par des spécialistes permettent de contrôler le bon déroulement de la grossesse et le développement du fœtus. De plus, elle permet de détecter la présence de jumeaux et de connaître le sexe de l'enfant à naître, si les parents le souhaitent.

Combien de temps dure une grossesse ?

Environ 39 semaines, soit 9 mois. C'est le temps nécessaire pour passer de la taille d'un grain de blé au plus beau bébé du monde.

L'échographie : sur l'écran, on distingue un fœtus âgé de sept mois.

••• La vie pendant 9 mois

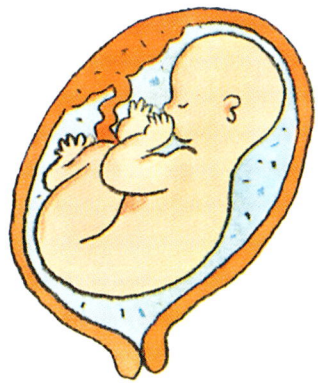

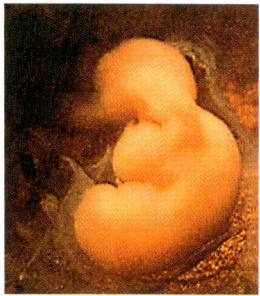

4 semaines
taille : 6 mm
Le cœur de l'embryon bat. Les yeux, les jambes, les bras commencent tout juste à se former.

La poche amniotique :
c'est une bulle à parois très fines, remplie de liquide dans lequel baigne le fœtus.
Ce liquide le protège des chocs.

Le placenta :
il permet les échanges entre le corps de la mère et le corps de l'enfant ; le placenta est expulsé lors de l'accouchement, juste après la naissance du bébé.

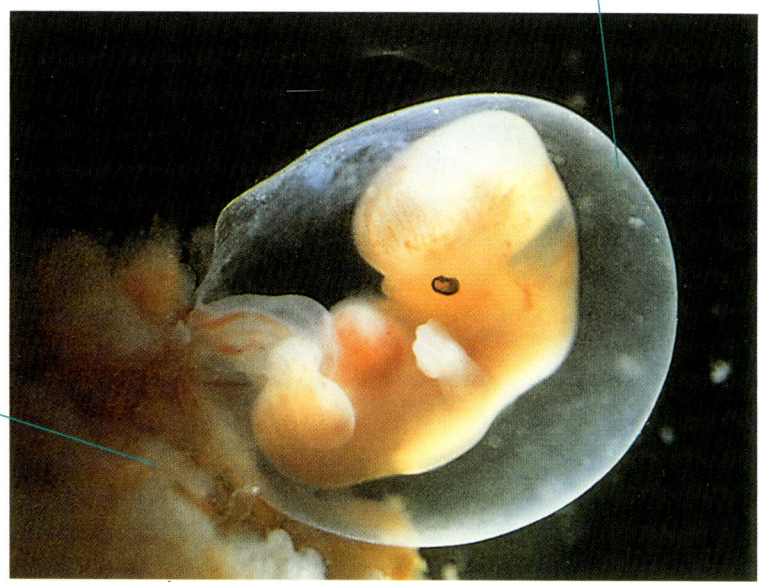

À 6 semaines, la tête est aussi grosse que le corps.

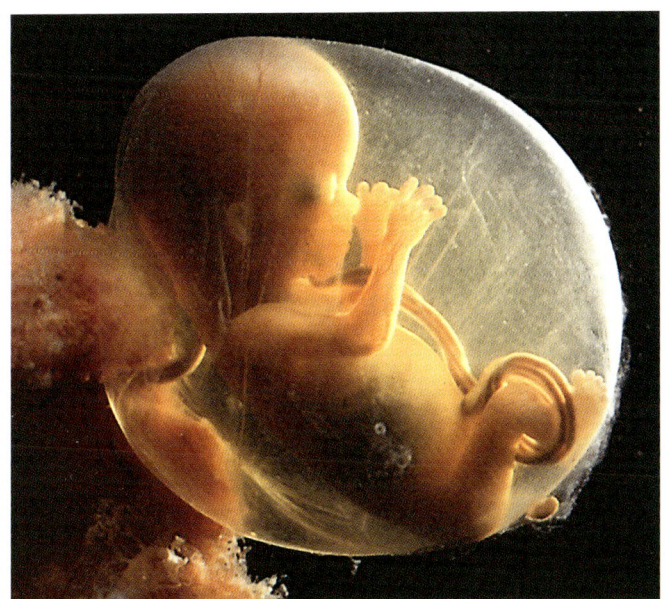

3 mois

3 mois
*taille : 8 cm
Le squelette grandit.
Mains et pieds ont une forme définitive.
Tous les organes se mettent en place.*

5 mois
*taille : 26 cm
Des petits cheveux poussent sur le crâne, la peau se couvre d'un enduit gras.
Tous les organes sont formés.*

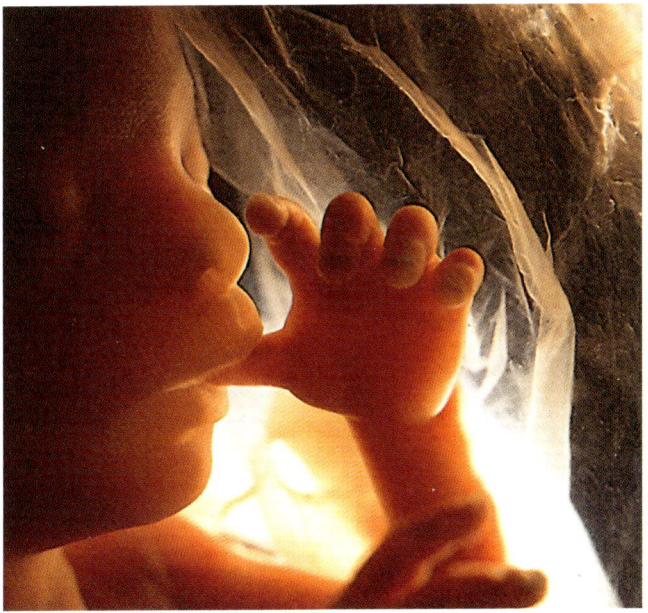

5 mois

7 mois
*taille : 40 cm
Le fœtus est viable.
S'il naît, il est placé en couveuse pour achever son développement.*

9 mois
*taille : 50 cm
Le fœtus est à terme.
Il s'est retourné, tête en bas : il est maintenant prêt à naître.*

••• Dans le ventre de sa mère

🔵 Comment le bébé fait-il pipi ?

Le fœtus fait pipi dans le liquide qui l'entoure. Il boit aussi ce liquide, constamment renouvelé grâce au placenta.

🔵 Que fait-il toute la journée ?

Le fœtus dort beaucoup, bouge de temps en temps, se retourne. En fait, son développement lui prend presque tout son temps.

🔵 Est-ce qu'il entend ?

À partir du 5e mois, le fœtus réagit à certains sons : il bouge, paraît « se réveiller » quand on lui parle doucement, apprécier une musique en particulier ; mais si l'on est sûr qu'il entend, on ne sait pas très bien ce qu'il perçoit vraiment.

🔵 A-t-il les yeux ouverts ?

À partir du 7e mois, il ouvre et ferme les yeux.

🔵 Comment mange-t-il ?

Il ne mange pas vraiment comme nous. Le fœtus est nourri par le placenta qui lui fournit tout ce dont il a besoin (protéines, lipides, glucides) grâce à un long tuyau souple : le cordon ombilical. À la naissance, on coupe ce cordon et cela forme le nombril.

🔵 Peut-il attraper une maladie ?

Non, car il est protégé par le corps de sa maman. Mais si elle-même est atteinte d'une maladie contagieuse, cela peut être dangereux pour le fœtus ; c'est pourquoi ils sont tous les deux surveillés.

🔵 Comment respire-t-il ?

L'embryon ne respire pas comme nous, avec son nez, sa bouche et ses poumons : il ne trouve pas l'oxygène dans l'air mais dans le sang, toujours grâce au placenta. Il peut aussi avoir le hoquet ! Mais dès l'instant qui suit la naissance, il avale de l'air en poussant un grand cri et... il respire alors de la même façon que toi.

🔵 Le bébé sent-il quand sa mère touche son ventre ?

Oui, le bébé est sensible à tout ce qui se passe autour de lui. Par des caresses, la maman peut déjà communiquer avec lui. Ainsi le bébé se sent bien et protégé.

••• Le mystère des jumeaux

Combien y a-t-il de jumeaux dans le monde ?

Il y a dans le monde 75 millions de jumeaux, dont un peu plus d'un million en France. Les faux jumeaux sont deux fois plus nombreux que les vrais.

🔵 Pourquoi y a-t-il des jumeaux ?

Généralement, un seul embryon se développe durant la grossesse. Mais il arrive qu'il y en ait plusieurs : deux et ce sont des jumeaux, trois et ce sont des triplés. Au-delà, c'est beaucoup plus rare.

🔵 Pourquoi certains ne se ressemblent-ils pas ?

Parce qu'ils proviennent de deux ovules différents qui ont été fécondés en même temps : on les appelle des faux jumeaux. Mais en réalité, ce sont des frères et sœurs nés le même jour. Les vrais jumeaux sont exactement identiques, car ils viennent d'un seul œuf qui s'est divisé tout de suite en deux embryons, pour des raisons que nous ignorons.

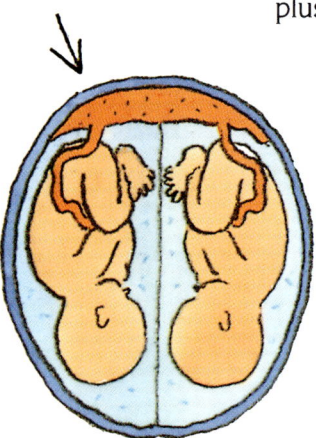

Les vrais jumeaux partagent le même placenta.

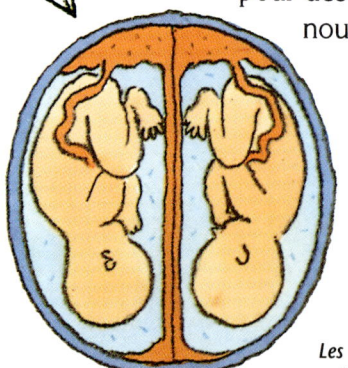

Les faux jumeaux ont chacun leur placenta.

● Les vrais jumeaux ont-ils le même caractère ?

Comme ils ont pour origine le même spermatozoïde et le même ovule, on peut penser qu'ils sont exactement identiques, aussi bien physiquement que moralement.
Mais le caractère et la personnalité sont aussi influencés par des expériences de la vie, des relations que l'on tisse avec les autres.
Aussi, les vrais jumeaux se comportent-ils souvent de façon un peu différente : l'un sera plutôt gai, l'autre plus silencieux, etc.

● Les jumeaux ont-ils assez de place dans le ventre ?

Une femme enceinte de jumeaux est bien sûr plus imposante mais son ventre n'est pas deux fois plus gros !
À la naissance, les bébés pèsent un peu moins lourd mais ils sont souvent en parfaite santé et aussi robustes que les autres.

Histoires de jumeaux

On raconte que des sœurs jumelles, éloignées de centaines de kilomètres, ont ressenti les mêmes douleurs au même moment, et que des frères jumeaux ont fait le même rêve… De quoi rester perplexe.

••• Le sexe du bébé

« *Le choix du roi* »
C'est avoir une fille et un garçon.

🔵 Les parents peuvent-ils choisir le sexe de leur bébé ?

Non, au moment de la conception, on ne peut pas choisir. Le sexe du bébé, masculin ou féminin, est déterminé lors de la fécondation indépendamment de notre désir ou de notre volonté.

🔵 Peut-on connaître le sexe avant la naissance ?

Oui, grâce à une échographie pratiquée au 5e mois de la grossesse. Mais on est libre de garder ou non le mystère et certains parents préfèrent attendre l'accouchement pour connaître le sexe de leur bébé.

🔵 Les jumeaux sont-ils toujours du même sexe ?

Oui, s'il s'agit de vrais jumeaux. Les faux jumeaux, en revanche, peuvent être de sexes différents.

🔵 Pourquoi naît-on fille ou garçon ?

Ovule et spermatozoïde contiennent des chromosomes, qui ressemblent à des petits bâtons. Chez l'homme, l'un des 23 chromosomes, le chromosome sexuel, a soit la forme d'un X, soit la forme d'un Y. Chez la femme, il a toujours la forme d'un X. Si le spermatozoïde a un chromosome sexuel en X, ce sera une fille. S'il a un Y, ce sera un garçon.

🔵 Une recette magique pour choisir le sexe ?

Manger des yaourts et du fromage ou bien des fruits et des légumes fait partie des recettes qui permettraient d'influencer la nature : les uns favoriseraient la naissance d'une fille, les autres assureraient celle d'un garçon… En matière de contraception, les croyances suivent la mode mais ne parviennent pas à contrôler le mystère de la vie.

Mais la magie n'a pas dit son dernier mot…

« C'est une fille, tu as le ventre rond. » « Non, c'est un garçon, tu le portes en avant. » Une alliance se balançant au bout d'un cheveu est censée prédire le sexe du bébé : de gauche à droite, c'est une fille, de bas en haut, c'est un garçon ; ou inversement. On appelle cela des « croyances de bonne femme ». Elles sont pleines de poésie et de rêve.

••• Contes et légendes

🔵 Quand les enfants naissaient dans les choux

Au siècle dernier, on ne parlait pas de sexualité. Mais cela n'empêchait pas les enfants de se demander comment naissent les bébés. Lorsqu'ils posaient la question : « Où étais-je avant de naître ? », les adultes répondaient : « C'était le temps où tu étais dans les choux. » En Belgique, à Stavelot, les enfants se « trouvaient » sous les choux du curé. En France, des enseignes de sages-femmes représentaient, il n'y a pas si longtemps encore, une dame recueillant un enfant au milieu des choux.

🔵 Pourquoi les choux ?

Par sa forme pommée, le chou a un cœur difficile à déceler. On peut donc facilement faire croire qu'un bébé y est caché ! Pour ces mêmes raisons, la rose a, plus tard, été « attribuée » aux bébés filles. La fleur et sa couleur sont devenues le symbole féminin.

🔵 Rose pour les filles, bleu pour les garçons

C'est peut-être des roses qu'est née la tradition des couleurs : un bébé fille est souvent habillé en rose, un bébé garçon plutôt en bleu. C'est qu'il est bien difficile à la naissance de faire la différence entre les deux sexes quand les bébés sont habillés.

🔵 Des sources extraordinaires

L'eau est souvent associée au mystère de la naissance. Beaucoup de légendes existent autour de fontaines ou de sources miraculeuses. Ainsi peut-on poser à la surface de l'eau deux chemises, une de fille, une de garçon ; celle qui flotte le plus longtemps indique si la petite créature à naître portera « culotte ou jupon ».

... *Accoucher*

🔵 *Comment la maman sait-elle que le moment est arrivé ?*

Le gynécologue donne toujours une date pour l'accouchement. Mais il peut avoir lieu quelques jours avant, ou quelques jours après… La maman ressent des changements dans son corps. Les contractions et l'écoulement du liquide amniotique sont les signes annonciateurs de l'accouchement. Elle-même et le bébé sont prêts. Alors arrive le grand moment.

🔵 *Pourquoi la maman accouche-t-elle à l'hôpital ?*

Un accouchement n'est pas une maladie. La maternité est donc un lieu à part dans un hôpital ou dans une clinique. La sage-femme aide la maman à accoucher et le médecin intervient en cas de problème. Avant, les accouchements se déroulaient à la maison, mais il y avait des risques. Et puis, à la maternité, on s'occupe de la maman et du bébé pendant les trois ou quatre jours qui suivent la naissance et cela rassure tout le monde.

🌀 Comment se passe un accouchement ?

Il se déroule en trois étapes. 1) La préparation : les contractions de l'utérus préparent le chemin. 2) L'expulsion : le bébé sort par le vagin, souvent tête la première ! 3) La délivrance : le placenta, devenu inutile, est à son tour expulsé. Cela peut durer 4 heures, 12 heures, une journée, mais pas plus.

🌀 Ma mère a accouché aux forceps ; ça veut dire quoi ?

Quand c'est nécessaire, on utilise les forceps (qui ressemblent à une pince) pour saisir la tête du bébé et l'aider à venir au monde.

🌀 Un accouchement c'est dégoûtant, il y a du sang

Le sang est signe de vie. C'est donc normal qu'il y en ait à l'accouchement, d'autant que les échanges entre la mère et le bébé se font au moyen des vaisseaux sanguins, par le placenta. Ce n'est ni sale, ni dégoûtant, mais on peut trouver cela désagréable. La vue du sang est toujours un peu difficile à supporter, car cela peut faire peur et penser à la douleur.

🌀 Qu'est-ce qu'une césarienne ?

Un chirurgien ouvre délicatement le ventre de la maman pour en sortir le bébé quand l'accouchement par les voies naturelles est impossible ou qu'il y a danger pour la mère ou le bébé.

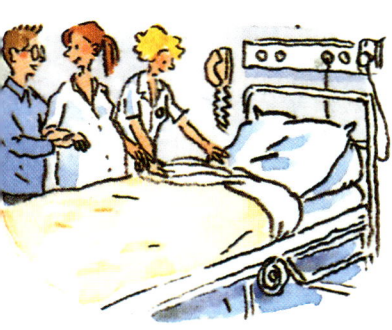

... *Naître*

La péridurale

C'est le seul moyen d'accoucher sans douleur. Cela consiste à injecter un liquide anesthésique, qui rend le bassin insensible. La maman reste parfaitement éveillée.

🔵 Un accouchement, c'est douloureux ?

Oui, parce que cela nécessite que l'utérus de la maman « travaille » pour s'élargir et faire ainsi une route pour le bébé. C'est un muscle qui se contracte de façon rapide et forte, alors cela fait mal. Mais il existe des moyens, en particulier la péridurale, pour diminuer la douleur, et favoriser la relaxation de la maman.

🔵 Et le bébé, il a mal ?

On ne sait pas. Pour les uns, le cri qu'il pousse à la naissance est signe de douleur ; pour les autres, il n'est que l'expression du début de la respiration.

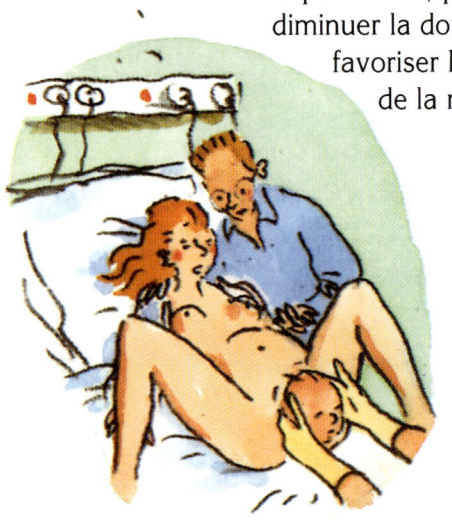

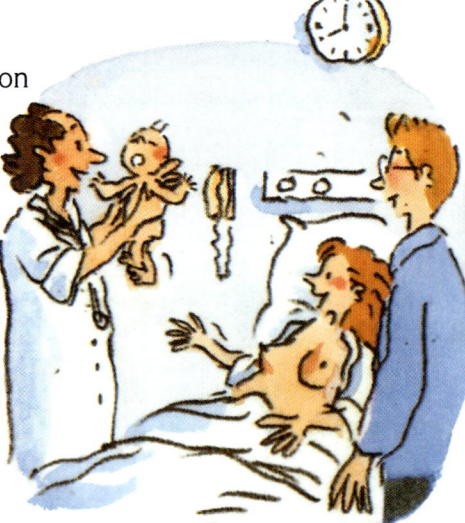

🌐 Je peux être là pendant l'accouchement ?

La naissance d'un bébé concerne avant tout le papa et la maman. Un accouchement reste l'aventure prodigieuse d'un couple, même si cela représente une famille qui s'agrandit. Comme la sexualité, l'accouchement a quelque chose d'intime.

🌐 Après la naissance

On lave le nouveau-né, on le pèse et on l'habille. Il rejoint ensuite tranquillement les bras de sa maman.

🌐 Qu'est-ce qu'un prématuré ?

Un enfant prématuré est un bébé qui naît plusieurs semaines avant la date prévue. Donc, il n'a pas eu tout le temps nécessaire pour se développer et il doit poursuivre sa croissance en dehors du corps de sa maman. On le met alors souvent en couveuse et tout se passe bien par la suite, dans la plupart des cas.

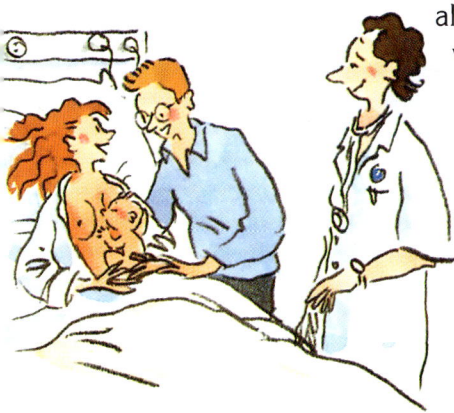

Un berceau qui a une histoire

Il y a plusieurs siècles de cela, une maman voulut sauver son bébé du massacre entrepris par les Égyptiens : il s'appelait Moïse. Elle le mit dans un berceau, sur un fleuve (le Nil), et il fut emporté par le courant et sauvé. Aujourd'hui, un moïse est un berceau de nouveau-né.

• • • *Un être unique*

Les gènes, qu'est-ce que c'est ?

Les gènes contiennent les informations relatives à nos différentes caractéristiques : couleur de nos yeux, taille, forme de notre nez...

Planter un arbre

La naissance d'un nouvel être symbolise la perpétuation de la vie et le renouvellement. Aussi, une coutume ancienne consiste à planter des arbres – surtout des chênes, symboles de longévité, de résistance – à chaque nouvelle naissance.

🔵 Ma sœur et moi, on ne se ressemble pas

La moitié de nos gènes proviennent de notre père et l'autre moitié de notre mère. La répartition des gènes se fait au hasard. On a ainsi 1 chance sur 70 000 milliards d'être identique à quelqu'un qui aurait les mêmes parents ! Autant dire que chaque être humain est unique. C'est pourquoi certains frères et sœurs se ressemblent beaucoup, d'autres pas du tout.

🔵 Sauter une génération

« C'est le portrait de sa grand-mère » disent tes parents à ton sujet. On peut en effet ressembler à un grand-parent, à une tante, plus qu'à ses parents. Parce que chacun d'entre nous a en stock l'histoire familiale : les cheveux roux de grand-papa, le grain de beauté de tante Lucile... Le hasard de la fécondation révèle ainsi parfois des caractéristiques disparues.

🌐 L'arbre généalogique

Tu as été conçu(e) par un homme et une femme, qui ont eux-mêmes été conçus par un homme et une femme et ainsi de suite...
On peut remonter très loin dans l'histoire et découvrir des « ancêtres » inattendus : un Gaulois, un Romain, ou peut-être même un Viking !

🌐 Ma meilleure amie me ressemble

Il arrive parfois de rencontrer des gens, extérieurs à notre famille, dont l'aspect physique est proche du nôtre : ce sont les surprises de la génétique...

••• Être bébé

🔵 Un bébé, c'est grand comment ?

En France, en moyenne, un nouveau-né mesure 50 cm et pèse 3,3 kg. Mais il y a des variations : tout le monde au même âge ne fait pas le même poids, ni la même taille.

🔵 Le choix du prénom

On porte son prénom pour la vie entière… et il n'est jamais choisi au hasard. La famille y pense plusieurs mois avant la naissance, le papa et la maman essaient de se mettre d'accord ; chacun y va de son commentaire. Parfois, c'est en « voyant » le bébé qu'on décide qu'il se prénommera Louise, Octave, Benjamin ou Aurélie…

🔵 Du lait pour grandir

Le bébé se nourrit de lait.
On parle d'allaitement
naturel si sa maman
lui donne le sein,
d'allaitement artificiel
si on lui donne le biberon.
C'est une question
de choix personnel.
Il ne commencera
à manger des aliments
solides que vers un an,
quand il aura
ses premières
dents (que
l'on nomme
dents de lait).

🔵 Un bébé, cela ne sait rien faire !

Le bébé sait faire
beaucoup de choses
que nous avons oubliées :
téter, serrer très fort
ses doigts autour
du pouce qu'on lui tend.
Ce sont des réflexes.
Avant de savoir marcher
ou d'être un compagnon
de jeu, il a encore
beaucoup de choses
à apprendre.
Alors il regarde
faire les autres
et il s'exprime
avec ses moyens :
il pleure, il sourit,
il rit, il gazouille…

🔵 Il a une grosse tête

Chez un nouveau-né,
la tête occupe
environ le tiers
du corps.
Peu à peu,
les proportions
vont changer
pour se stabiliser
à l'âge adulte
(*adultus* signifie,
en latin : qui a fini
de grandir).

••• *Mon petit frère, ma petite sœur*

🔵 *J'ai envie de m'occuper de bébé*

Mais on te dit tout le temps qu'un bébé, c'est fragile : c'est vrai qu'un nouveau-né ne peut pas soutenir seul sa tête, ni tenir assis et il faut donc faire attention. Mais avec quelques précautions et sous l'œil attentif de papa ou de maman, tu peux lui donner un biberon, le prendre dans tes bras et lui manifester ainsi ton affection.

🔵 *Mais il n'y en a que pour lui !*

Un bébé occupe beaucoup de place, malgré sa petite taille : on en parle, on lui fait des cadeaux et souvent, les autres enfants ont le sentiment qu'on ne s'intéresse plus à eux. Alors ils en veulent à ce nouveau bébé tout en l'aimant beaucoup. Et puis peu à peu, chacun prend sa nouvelle place dans la famille, ce qui n'empêche pas la jalousie, normale entre frères et sœurs.

🔵 Et en plus un bébé, ce n'est pas beau !

C'est vrai : quand tu le vois juste après la naissance, sa peau est plus ou moins plissée Son crâne peut être chauve ou déjà recouvert d'un duvet sombre. Il n'a pas de dents et fait d'étranges grimaces. Mais c'est quand même pour sa famille le plus beau bébé du monde et il va rapidement s'arrondir pour devenir un attendrissant poupon.

🔵 Est-ce qu'il me reconnaît ?

Très vite, les bébés repèrent la présence des enfants, dont ils se sentent sans doute proches. Le lien d'attachement entre frères et sœurs se construit dès les premiers jours et, au bout de quelques mois, il les voit avec jubilation s'avancer vers lui, il sourit en les entendant.

Mieux vaut en rire !

- *Viens, mon chéri, on va changer ta petite sœur.*
- *Pourquoi, elle est déjà usée ?*

••• *Grandir*

Une autre façon de compter

En Asie, on compte l'âge d'un bébé dès sa conception. À la naissance, il a donc 9 mois !

🔵 Avant d'avoir un an, j'avais quel âge ?

L'âge se compte à partir du jour de la naissance. Donc avant d'avoir un an, on commence par avoir un jour, puis une semaine, un mois, six mois, pour enfin souffler sa première bougie 365 jours après sa naissance. Et ainsi de suite…

🔵 À partir de quand un bébé n'est plus un bébé ?

C'est souvent quand apparaît la marche que le bébé devient naturellement un petit enfant, capable de se déplacer. Après la marche se développe le langage : ce sont les deux apprentissages essentiels de la petite enfance. Parce qu'on se débrouille un peu mieux tout seul si on peut s'exprimer et aller là où l'on a envie d'aller.

🔵 J'ai envie de grandir mais aussi de rester bébé

Grandir est une aventure excitante pleine de promesses. Les parents disent si souvent :
« Tu comprendras quand tu seras plus grand. »
« Tu pourras faire ceci ou cela plus tard. » Mais c'est aussi aller vers un monde inconnu qui peut faire peur. Alors on a envie de redevenir tout petit… Mais c'est impossible, on ne peut rien contre le temps qui passe !

🔵 On grandit et on grossit à quelle vitesse ?

Pendant la première année, on grandit de 20 cm et on multiplie son poids par 3. À 4 ans, on mesure environ un mètre : c'est le double de la taille à la naissance. Puis, on prend 4 mm par mois jusqu'à l'adolescence où les vêtements deviennent vite trop petits, sans parler des chaussures : les pieds, les jambes, les bras s'allongent, le corps change et se transforme. Quant aux variations de poids, c'est plus compliqué : cela dépend des familles (il y a des familles de minces, de ronds…) et des habitudes alimentaires.

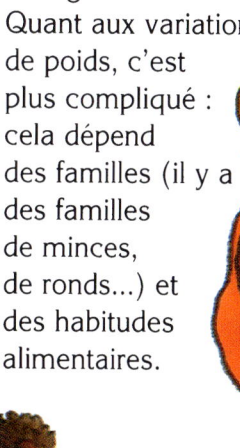

●●● *La puberté*

● *C'est la première étape de l'adolescence*

Elle se manifeste par des changements du corps sans rapport avec les modifications des années précédentes. À la puberté, on continue de grandir et de grossir, mais en même temps, on « change de forme » : les filles commencent à avoir de la poitrine, ont leurs règles, et les garçons voient leur barbe pousser.

● *Ça arrive à quel moment ?*

La puberté débute rarement avant 10 ans : en moyenne vers 11 ans chez les filles, et un peu plus tard chez les garçons, vers 12 ans. Une trop grande activité sportive ou une sous-alimentation peuvent retarder la puberté. Peu à peu, filles et garçons deviennent des hommes et des femmes capables de procréer, c'est-à-dire de faire des enfants.

Ça fait mal, la puberté ?

Les changements du corps liés à la puberté ne sont pas douloureux mais un peu inquiétants, pour les filles comme pour les garçons : ils concernent le poids, la taille, les poils qui poussent et le développement des organes sexuels qui vont fonctionner ensuite. Grandir de 12 cm par an, avoir besoin de manger plus que les adultes, voir apparaître des différences physiques entre filles et garçons entraîne un malaise momentané et normal.

C'est important de se laver tous les jours ?

Oui, c'est important de se préoccuper de son hygiène, d'apporter du soin à cette extraordinaire construction qu'est le corps humain : se brosser les dents, se laver les cheveux, savonner sa peau témoignent du respect que l'on se doit et sans lequel les autres ne vous respectent pas en retour.

Et après la puberté, que se passe-t-il ?

Encore des changements dans la tête et le cœur. Une fois le corps transformé, il peut se passer du temps avant de ressentir les premiers élans amoureux. Ils sont le début de la longue histoire d'amour entre les hommes et les femmes, éternellement reproduite grâce aux enfants qui grandissent et deviennent à leur tour des adultes.

Découvrir son corps

Se caresser tout seul fait partie de l'apprentissage de la sexualité. Cela procure du plaisir et permet de mieux connaître son corps.

••• *Du côté des filles*

🔵 À l'école, on n'a pas les mêmes jeux que les garçons

Si à l'école maternelle, filles et garçons jouent volontiers ensemble, à l'école primaire, il existe une démarcation très nette : les filles d'un côté, les garçons de l'autre. Ce qui n'empêche pas d'être content de se voir…

🔵 Les garçons, on les trouve un peu bébés

On a l'habitude de dire que les filles sont mûres plus tôt que les garçons. Et ce n'est pas faux ; la puberté des filles précède souvent celle de leurs copains : par exemple, la croissance s'accélère entre 10 et 15 ans pour les unes et entre 11 et 18 ans pour les autres !

🟢 Et au collège, ce sera comment ?

À partir de la sixième, certaines filles ressemblent déjà à des femmes par les vêtements qu'elles portent ou par leur physique : certaines ont de la poitrine, alors que d'autres ont encore un corps d'enfant. Les plus mûres cherchent à la fois la compagnie des plus âgés et des enfants de leur âge, parce qu'à 11-12 ans, on est plus proche de l'enfant que de l'adulte.

🟢 Les règles, c'est quoi ?

Outre le développement de la poitrine, la puberté féminine se caractérise par l'apparition des règles. Toutes les 4 semaines environ, la jeune fille (et la femme) perd(ent) du sang ; ce n'est pas grave, cela ne fait généralement pas trop mal et signifie que le corps est prêt à concevoir un bébé. Quand une femme est enceinte, ces saignements s'arrêtent pendant la durée de la grossesse et reprennent après l'accouchement.

Pendant leurs règles, la jeune fille et la femme mettent des tampons ou des serviettes hygiéniques. Ces protections absorbent le sang qui s'écoule (en faible quantité) du vagin.

🟢 Être réglée signifie-t-il que l'on peut avoir des relations sexuelles ?

Non, cela signifie tout simplement que le corps a atteint sa maturité pour procréer. Avoir des relations sexuelles nécessite d'être plus mûr(e) affectivement, ce qui généralement n'a pas lieu avant 15-16 ans.

••• *Du côté des garçons*

🔵 *Quand commencerai-je à avoir de la barbe ?*

Là encore, cela se fait progressivement : entre le duvet naissant et les poils drus qu'il faut raser le matin, il s'écoule plusieurs années. De la même façon, la pilosité des jambes, des bras, du torse, du sexe se développe petit à petit.

🔵 *Mon grand frère a la voix qui « mue », c'est bizarre*

Une des conséquences de la puberté masculine est en effet la voix qui change : elle devient plus grave. Mais cela ne se fait pas d'un seul coup et pendant plusieurs mois, le garçon passe de l'aigu au grave avant que sa voix ne se stabilise.

🔵 *Est-il inévitable d'avoir des boutons ?*

Non. Mais les garçons ont souvent plus de boutons d'acné que les filles, c'est une histoire d'hormones sexuelles.

🔵 Mon sexe est dur le matin. C'est normal ?

Oui, un garçon a des érections depuis son plus jeune âge. À la puberté, elles pourront être suivies d'éjaculations.

🔵 Quand on grandit, le pénis grandit-il aussi ?

Oui, les organes génitaux se développent à la puberté comme le reste du corps.

🔵 À quel âge peut-on « sortir » avec une fille ?

À l'école primaire, on peut avoir un(e) amoureux(se), mais il est encore trop tôt pour sortir ensemble. C'est vers 13 ans qu'on échange souvent ses premiers vrais baisers.

... Se protéger

À *qui s'adresser ?*

Fil Santé Jeunes
numéro vert :
08.00.23.52.36

Enfance et partage
2-4, cité Ameublement
75011 Paris
Numéro vert :
08.00.05.12.34

**Antenne
de défense
des mineurs du
Barreau de Paris**
8, place Sainte
Opportune
75001 Paris
01.42.36.34.87

**Centre français
de protection
de l'enfance**
23, place Victor Hugo
94270 Kremlin Bicêtre
01.43.90.63.00

On parle souvent de pédophilie. Qu'est-ce que c'est ?

La pédophilie est un comportement anormal où un adulte, le plus souvent un homme, cherche à avoir des relations sexuelles avec un enfant, fille ou garçon, qu'il contraint. C'est un acte criminel dont l'enfant est la victime.

C'est la même chose qu'un viol ?

Non, pas tout à fait. Un viol peut concerner un adulte et un jeune mais aussi deux adultes, l'un contraignant l'autre à avoir un rapport sexuel. Dans la majeure partie des cas, le viol est le fait d'un homme qui oblige une jeune fille ou une femme à se soumettre à son désir. Mais le viol, comme la pédophilie, est un crime puni par la loi, à condition que la victime porte plainte.

🔵 Alors, il faut avoir peur de tout le monde ?

Non, mais il faut toujours prendre des précautions avant de suivre un adulte, qu'on le connaisse ou non : une façon simple de se protéger consiste à prévenir sa maman ou son papa de ce que l'on va faire. Par exemple, si quelqu'un te demande de l'accompagner, il faut toujours en avertir un proche, même si tu as confiance en la personne en question.

🔵 L'interdit de l'inceste

Les parents ne peuvent pas avoir de relations sexuelles avec leurs enfants ; c'est interdit et sévèrement puni par la loi. Mais cela arrive – certes rarement – et il est alors très difficile pour l'enfant d'en parler : il a le sentiment d'accuser quelqu'un qu'il aime, il a honte. Et pourtant, c'est la seule façon de mettre fin à cette agression lourde de conséquences pour l'enfant.

🔵 Pourquoi l'inceste existe-t-il ?

Si l'amour et la sexualité sont avant tout source de bonheur et de plaisir pour la plus grande partie d'entre nous, ils sont la cause de tourments et de problèmes pour certains hommes ou certaines femmes. Ils ne sont heureusement pas nombreux. En général, ce sont des gens qui ont beaucoup souffert dans leur enfance, qui ont été maltraités alors qu'ils étaient petits et qui, une fois adultes, maltraitent les autres.

🔵 C'est quoi un exhibitionniste ?

C'est un homme qui aime montrer son sexe à des inconnus, et notamment à des enfants. Si tu en rencontres, à la sortie de l'école par exemple, il faut absolument prévenir tes parents, ton (ta) maître(sse).

Un viol peut être suivi d'une grossesse : elle peut alors être interrompue par un avortement.

●●● *Les sentiments*

🔵 À partir de quel âge peut-on être amoureux ?

On rencontre souvent son premier amour à l'âge de l'école maternelle et on ne l'oublie jamais. À l'école primaire, on peut aussi avoir un(e) amoureux(se) et on en parle beaucoup à ses ami(e)s. C'est sérieux mais c'est aussi un jeu avec les autres, qui commentent ouvertement les petits bisous… Et cela ne regarde pas les adultes.

🔵 Et quand on est plus grand ?

À partir de 12-13 ans, le corps se transforme : c'est la puberté. La façon de penser comme la façon d'être amoureux évolue durant toute l'adolescence pour se rapprocher du modèle adulte. Le sentiment amoureux devient alors peu à peu ce qui compte le plus dans la vie.

🔵 L'amour, cela dure toute la vie ?

On a l'habitude de dire qu'amour rime avec toujours...
C'est parfois vrai.
Mais il arrive aussi que la tendresse, l'affection remplacent le sentiment amoureux au bout de quelques années.
Et il arrive aussi qu'un homme et une femme se séparent parce qu'il n'y a plus d'amour entre eux.
Ainsi, on peut être amoureux plusieurs fois dans sa vie et de façon toujours sincère.
Il n'y a pas de règle et cela ne se décide pas à l'avance.

🔵 Quand on n'est plus amoureux, on reste amis ?

L'amour et l'amitié sont deux sentiments humains très forts mais différents et les adultes passent difficilement de l'un à l'autre, à la différence des enfants. L'intimité du lien amoureux où la sexualité est présente, ce n'est pas la même chose que la complicité entre amis. Et une histoire d'amour qui se termine fait toujours un peu souffrir, alors il est difficile de rester amis.

Quand je vois des amoureux à la télévision, j'ai envie de regarder et en même temps, cela me gêne.

Vers 8-10 ans, on commence à ressentir un malaise devant les manifestations physiques de l'amour. C'est le début de la pudeur, à ne pas confondre avec la honte. Dans le même temps, on a besoin de protéger sa nudité, on évite celle des autres, des adultes en particulier. C'est normal et cela doit être respecté.

N° d'éditeur : 10180889 - Dépôt légal : février 2012
Loi n° 49-956 du 16 juillet 1949 sur les publications destinées à la jeunesse.
Imprimé en France par Pollina s.a., 85400 Luçon - n° L58802
ISBN : 978.2.09.253741.1